Lina-Marina Lou
Winter-Wunder-Weihnachtswelt

AF189104

Lina-Marina Lou ist 1966 in NRW geboren und aufgewachsen. Mit bürgerlichem Namen heißt sie Ulrike Ritter. Geschrieben hat sie seit ihrer Teenagerzeit, wobei Romantik immer der Schlüssel zu ihrem Herzen war. Sie erwarb ihre staatlich anerkannte Prüfung als Erzieherin und arbeitet schon viele Jahre in diesem Herz erfüllenden Beruf in verschiedensten Bereichen. Doch die Sehnsucht für das »Schreiben« blieb. Nach einigen Jahren Familienzeit zog sie mit ihren beiden Kindern ins schöne Hessenland und begann ein ganz neues Leben.

Dort fand sie Menschen, die sie ermunterten, an ihren Traum, »Schriftstellerin sein«, zu glauben. Sie bekam ein leeres Buch geschenkt mit dem Wunsch, jede Idee zu sammeln und sie in eine schöne Geschichte zu verpacken. Sie ließ sich gern inspirieren und schreibt seither in den Genres Romance, Fantasy, Gedichte, Kindergeschichten und Märchen.

Ende 2016 veröffentlichte sie als Selfpublisherin ihren Debüt-Roman »Den Träumen ganz nah«.

Ich freue mich auf euch.

Eure

Lina

Winter-Wunder-Weihnachtswelt

Lina-Marina Lou

Besinnliche Gedanken
in der
weihnachtlichen Zeit …

Winter-Wunder-Weihnachtswelt
Lina-Marina Lou

Copyright © 2017 Ulrike Ritter
Mudersbacher Str. 21, 35644 Hohenahr

Lektorat und Korrektorat: ePub24.com
Covergestaltung: AbcEngel Cover & Design
www.abcengel.de
Grafische Abbildungen: shutterstock.com
Satz: ePub24 Ltd.
Herstellung und Verlag:
BoD – Books on Demand, Norderstedt
Printed in Germany

ISBNs: 9783746014968 (Paperback)

https://www.facebook.com/UlrikeRitter33Autorin

Inhalt

Vorwort:

Draußen ist es nass und kalt. Der erste Schnee kündigt sich an.

Im Kamin brennt ein Feuer. Drinnen riecht es nach heißem Tee mit Anis und selbst gebackenen Zimtplätzchen. Es wird Zeit, dir ein Wohlgefühl zu gönnen und ein gutes Buch zu lesen. Meine

Winter-Wunder-Weihnachtswelt

lädt dich ein, einen kleinen Moment zu verweilen.

Herzlich willkommen!

Winter-Wunder-Weihnachtswelt

Hab mir doch gewünscht heut Nacht,

dass es schneit den ganzen Tach.

Als ich dann endlich aufgewacht,

war das Märchen schon vollbracht.

Überall liegt Schnee im Land,

zugedeckt mit einem glitzernden Gewand.

Jetzt kommt die Sonne noch hervor,

wärmt ein bissel mir das Ohr.

Freude ist im Herzen nun,

braucht nicht viel fürs Glück zu tun!

Wander' heut mal ohne Geld,

durch die

Winter-Wunder-Weihnachtswelt!

Wie war dein Jahr?

ieder geht ein Jahr zu Ende, und ich setze mich an den großen Tisch aus Ebenholz, der in unserer Küche steht. In den Händen halte ich eine Tasse mit heißem Tee fest umschlungen. Genüsslich nippe ich daran.

Ich sinne gedankenverloren der Zeit nach, die so schnell vergangen ist. Da klopft es an die Tür. Ich öffne, und herein kommt ein kleiner Engel.

Er setzt sich zu mir an den Tisch und lächelt mich an. »Und, meine Liebe«, sagt er, »wie war dein Jahr?«

Ich bin überrascht, sammle meine Gedanken, und plötzlich fallen mir viele Sorgen und Probleme ein, die ich im letzten Jahr zu überstehen hatte. »Ach, weißt du …«

Der Engel hebt eine Hand. »Warte! Ich werde dir Fragen stellen. Antworte nur mit Ja oder Nein.«

Schnell schlucke ich die Worte hinunter, die mir noch auf der Zunge liegen. Ich nicke.

Schon stellt er die erste Frage. »Hast du irgendwann in deinem vergangenen Jahr gelacht?«

»Hm«, ich muss nachdenken. Na klar, kommt es mir in den Sinn, natürlich habe ich immer mal wieder im vergangenen Jahr gelacht. Was für eine Frage? »Ja«, antworte ich dem Engel.

»Gut«, meint er. »Hast du irgendwann in deinem vergangenen Jahr über dich lachen können?«

Ich sehe ihn irritiert an und muss plötzlich schmunzeln. Tatsächlich gab es mal eine Situation, wo ich über mich selbst lachen musste. »Ja«, sage ich und werde verlegen.

»Gut«, meint er und fragt weiter. »Kannst du von dir behaupten, dass du in deinem vergangenen Jahr Glück empfunden hast?«

Ich atme tief ein und muss wirklich überlegen. Der Stress, die Alltagsprobleme und alles drumherum nehmen mich so sehr ein, dass mein Leben manchmal nicht einfach ist. Da fällt es schwer, sich wirklich an Glücksmomente zu erinnern. Plötzlich muss ich lächeln, ich versinke kurz in meinen Erinnerungen. Da war dieser Springbrunnen mitten in der Stadt, nichts Besonderes, doch ich hatte mich auf den Beckenrand gesetzt, um eine Minute auszuruhen. Es war genug Zeit, die Wassertropfen zu beobachten, wie sie sich in der Sonne spiegelten und Farben eines Regenbogens sichtbar wurden. Als mir dann noch einige der Tropfen auf die Nase spritzten, war das so schön, dass ich lachen musste und mein Herz einen Freudensprung tat. Ich hatte das Gefühl, ich müsste mich unter die Wasserfontäne stellen und wollte jeden einzelnen Tropfen einfangen. »Ja«, antworte ich erneut.

»Gut«, meint er. »Hast du in deinem vergangenen Jahr manchmal gesungen oder ein schönes Lied gepfiffen?«

»O ja!«, sage ich sofort. Im Auto drehe ich den Lautstärkeregler meines Radios besonders gern hoch und singe lauthals mit. Da hört mich ja niemand. Und plötzlich fällt mir ein, dass ich auch in vielen anderen Momenten und immer wieder gern laut singen und einfach durch die Welt tanzen möchte. Doch dann stelle ich fest, dass mir das peinlich wäre.

»Sehr gut«, meint der Engel und schmunzelt, als hätte er meine unausgesprochenen Gedanken lesen können. »Nun«, meint er kurz darauf, »stelle ich meine letzte Frage. Meinst du, dein vergangenes Jahr war ein schönes Jahr?«

Spontan bilden sich Sorgenfalten auf meiner Stirn, und traurig sehe ich ihn an. »Aber«, beginne ich, »du weißt doch, was ich alles Schlimmes im letzten Jahr erleben musste?« Mein Herz wird schwer, und ich überlege, wie ich mein Leid in Worte fassen könnte.

Plötzlich steht der Engel auf, lächelt mich an und streicht mir sanft über den Kopf. » Dann war es ja ein durchaus gutes Jahr für dich.«

Leise entschwindet er so, wie er gekommen war. Ich bleibe nachdenklich zurück.

Eiskristalle

flimmernd,

glitzernd

eiskalt;

hart in ihrem Sein;

glasklar

in ihrer Art gehalten;

filigran

im sanften Blick.

Unsere Welt zart zu verzaubern,

sie vermögen,

dies auf ganz besondere Art.

Wollen uns an was erinnern,

heimelige Zeit kommt bald zurück.

Laden ein, dich zu besinnen,

bringen Frieden

und

das Glück.

Der Weihnachtsstern

Viele Sterne leuchten am Himmel.

Manche sind ganz still

und andere blinken ganz hell.

Weißt Du, wo der Weihnachtsstern ist?

Hast Du ihn gesehen?

Nein?

Wirklich nicht?

Dann geh nach draußen,

atme die kalte Winterluft tief ein

und schließ die Augen.

Stell Dir vor, Du wärest wieder ein Kind

und summe ganz leis' ein Weihnachtslied.

Fühlst Du ihn?

Er ist nicht mehr weit!

Wenn Du nun die Augen wieder öffnest
und die Sterne erneut beobachtest,
hat sich der Himmel verändert.
Die Welt um Dich herum ist in
einen seltsamen Zauber gehüllt.

Wundere Dich nicht, wenn plötzlich Tausende
von Kindern bei Dir stehen und mit Dir
zusammen den Weihnachtsstern suchen.

Und glaube mir: »Du wirst ihn finden!«

Jeder Tag ist Weihnachten!

K am einst ein Engel daher. Es war ein Weihnachtsengel. Er setzte sich auf einen großen runden Findling und wartete.

Nach seiner gerade abgeschlossenen Engelausbildung wurde er auf die Erde geschickt mit einer ganz besonderen Aufgabe im Gepäck. Er sollte beobachten, wie die Erdenbewohner Weihnachten empfinden. Nun wartete er auf die Menschen.

Ein großes goldenes Buch lag auf seinen Beinen bereit, um all die vielen Ergebnisse für die Nachwelt zu notieren.

Der Engel musste nicht lange warten, da kam schnellen Schrittes eine Frau angelaufen. Vollbepackt war sie mit Taschen, Tüten, einem großen Einkaufskorb, und sie hatte wirklich schwer zu tragen.

»Kannst du mir sagen, wie du das wirkliche Weihnachten findest?«, fragte der kleine Engel.

Die Frau drehte sich zu ihm um, ging aber ihres Weges weiter. »Das wichtigste ist, wenn die Kinder alle Wünsche erfüllt bekommen und ihre Augen strahlen, wenn wir unter dem Tannenbaum Weihnachtslieder singen« rief sie mit einem Strahlen im Gesicht. »Aber sei nicht bös, lieber Engel, ich habe keine Zeit mehr, es sind noch so viele Besorgungen zu erledigen.« Schon war sie hinter der nächsten Weggabelung verschwunden.

Der Engel öffnete sein Buch und schrieb hinein. »Weihnachten ist, wenn ich andere glücklich machen kann.«

Ein Mädchen kam des Weges.

Sie hatte eine große Mappe unter dem Arm. Darin trug sie hundert Weihnachtskarten, die sie an alle Freunde auf dieser Welt verschicken wollte. An Weihnachten mache sie das immer so, und sie würde niemanden vergessen, erzählte sie dem Engel.

»An Weihnachten zeigen die Menschen, wie lieb sie sich haben«, antwortete das Mädchen, als der Engel endlich fragen konnte, was Weihnachten für sie sei. Dann war es fort.

Er schrieb auf: »Weihnachten muss ich die Menschen daran erinnern, dass sie mich lieb haben!«

Drei kleine Jungen kamen vorbei. Sie lachten, rauften und scherzten miteinander. Einer lief schneller als der andere.

Als sie den Engel erblickten, blieben sie stehen. »Wer bist denn du?«, fragten sie neugierig.

»Ich bin der Weihnachtsengel«, antwortete er höflich, »ich wollte euch fragen, was Weihnachten für euch ist?«

Die drei Jungen sahen sich irritiert an. Dann lachten sie laut los, und während sie weiterrannten, riefen sie dem Engel nach: »Geschenke natürlich, was denkst denn du?«

Der Engel öffnete erneut sein Buch und schrieb: »An Weihnachten ist es wichtig, Geschenke zu bekommen.«

Als Nächstes traf der Engel auf eine Gruppe von Teenagern, die lauthals grölten, sich gegenseitig schmutzige Namen an den Kopf warfen und diese Welt scheinbar nicht ganz ernst nahmen.

Einer dieser jungen Menschen bemerkte den Engel, stellte sich breitbeinig, die Hände in den Hosentaschen und lässig eine Zigarettenkippe im Mund haltend, vor ihn hin. »Was bist du denn für ein komischer Wicht?«

Der Engel sah auf und lächelte sein Gegenüber an. »Ich bin ein Weihnachtsengel und will wissen, was für dich Weihnachten ist?«

Die ganze Gruppe Teenager begann den Engel auszulachen. »Du willst wissen, was Weihnachten ist? Haha, du glaubst wohl noch an Märchen, und nur dumme Kinder glauben an Weihnachten. Sieh zu, dass du dahin zurückgehst, wo du hergekommen bist, du Weihnachtsmärchenengel!« Lauthals lachend schlenderten allesamt weiter.

Etwas enttäuscht schrieb er in sein großes Notizbuch: »Weihnachten ist nur ein Märchen, die Menschen glauben nicht mehr an Weihnachten.«

Dann dauerte es länger, bis wieder ein paar Menschen vorbeikamen.

Es muss wohl grad Weihnachten sein, dachte der Engel und fragte sich, was die Menschen überall auf der Welt nun machten?

Plötzlich kam eine Familie vorbei. Festlich gekleidet waren sie, und jeder trug seinen besten Sonntagsausgehmantel. Auch sie waren eilig unterwegs.

»Hast du auch Opas neue Krawatte eingepackt, Hilde?«, rief der Vater.

»Aber sicher doch, mein Schatz! Ich denke immer an alles«, antwortete die Mutter lieb säuselnd und warf ihm einen Handkuss zu.

Dann fiel ihr auf, dass Klein-Sophies Haarspangen nicht richtig saßen. »Ach Sophie, mein Kleines, komm her, so können wir Oma nicht unter die Augen treten.« Daraufhin zog und zerrte sie so lange an dem Kind herum, bis die Zöpfe des Mädchens wieder ordentlich saßen.

»Was gibt es denn bei Oma heut zu essen«, rief der fünfjährige Sven, der von seinem größeren Bruder an der Hand mühselig hinterhergezogen wurde.

»Weihnachtsgans, wie jedes Weihnachten. Hoffentlich ist die nicht wieder so zäh wie im letzten Jahr«, meinte der Vater.

Plötzlich fing Klein-Svenny an zu schreien. »Ich will keine Weihnachtsgans, ich will nach Haus und mit meiner Eisenbahn spielen.« Aber niemand schien ihn zu hören.

»Kommt, Kinder, Oma und Opa warten. Heut ist Weihnachten! Das wird bestimmt ein ganz besonders schönes Fest«, flötete die Mutter in den lieblichsten Tönen.

Mit wehenden Mänteln verschwanden sie hinter der nächsten Weggabelung.

»Was ist für euch Weihnachten?«, rief der Engel ihnen nach, doch sie hatten ihn überhaupt nicht bemerkt. Er schrieb in sein Buch: »Niemand scheint Weihnachten wirklich zu bemerken.« Sehr nachdenklich stützte er die Ellenbogen auf die Knie und legte seinen Kopf in die kleinen Händchen.

Nach einer Weile schlenderte ein Mann des Weges daher. Er war nicht sonderlich gut gekleidet und hatte scheinbar alle Zeit der Welt.

»Guter Mann, was ist für Euch Weihnachten?«, sprach der Engel ihn an.

Ganz selbstverständlich blieb der Mann bei ihm stehen. »Hallo kleiner Engel«, sagte er mit tiefer Stimme, »darf ich mich zu dir setzen?«

»Aber gern doch«, meinte das kleine Himmelswesen und bot ihm einen Platz auf seinem Stein an. »Wo kommst du her, guter Mann?«

»Ich komme überall her und gehe überall hin«, antwortete der Wanderer und sah über die Baumwipfel in die schnell vorüberziehenden Wolken.

»Wo bist du zu Hause?«, fragte der Engel weiter.

»Ach, mein kleiner Freund, ich bin nirgendwo zu Hause und doch überall.« Dabei wandte der Mann seinen Blick nicht von den ziehenden

Wolken am Himmel ab. »Ich habe niemanden, der auf mich wartet und niemanden, der etwas von mir erwartet. Ich bin ein Wanderer und ziehe durch die Lande.«

Der Engel zupfte ihm am Mantel. »Guter Mann, und was ist für dich Weihnachten?«

»Weißt du, kleiner Engel«, begann der Wanderer zu erzählen, »Weihnachten ist ein Tag wie jeder andere. Nicht, weil Weihnachten nichts Besonderes ist, sondern weil jeder einzelne Tag besonders ist.

Weihnachten ist, wenn die Sonne an jedem nächsten Morgen aufgeht, ihre Strahlen ausbreitet und die ganze Erde mit Wärme und Licht erfüllt.

Weihnachten ist, wenn ein Mensch, der mir begegnet, nichts zu essen hat und ich ihm von meinem kleinen Brot etwas abgeben kann.

Weihnachten ist, wenn ich ein Kind, das weint, weil es auf die Straße gefallen ist, aufheben und ihm mit einem Taschentuch die Tränen trocknen kann.

Weihnachten ist, wenn ich einem Menschen begegne, den der Mut verlassen hat, ich ihn in den Arm nehmen und ihm ein paar aufmunternde Worte mit auf seinen Weg geben kann.

Weihnachten ist, wenn ich das Leben spüre und sehe, wie es vorangeht. Die ersten Blumen im Frühling, die Bienen zum Nektar holen einladen. Der Sommer, der Früchten zur Reife verhilft und die Welt damit nährt. Der Herbst, der die Blätter vom Baum weht und der Schnee im Winter, der die Welt zur Ruhe kommen lässt, sie liebevoll mit einer weißen Decke zudeckt. Dann immer ist Weihnachten für mich. Weihnachten soll uns daran erinnern, wie wichtig und besonders jeder einzelne Tag unseres Lebens ist. Weihnachten ist in meinem Herzen!« Dann stand der Mann auf und ging seines Weges.

Der Engel schrieb in sein Buch: »Jeder Tag ist Weihnachten.«

Bald darauf begegnete er einer anderen Familie.

Die Mutter saß in einem Rollstuhl, und der Vater ging fürsorglich voran. Drei Kinder tanzten und sprangen um sie herum. Gemeinsam sangen sie ein Weihnachtslied.

Neugierig fragte der Engel auch sie, was für diese Familie Weihnachten bedeutet?

Eines der Kinder kam zu ihm gelaufen. »Weißt du, Engel«, berichtete es völlig außer Atem und mit strahlenden Augen, »unsere Mutter war schwer krank, und heute können wir sie endlich wieder zu uns nach Hause holen. Das ist ein wunderschönes Weihnachten!« Dann lief es wieder zu seiner Familie, und alle winkten dem Engel zu. »Frohe Weihnachten!«, riefen sie.

»Frohe Weihnachten!«, antwortete das kleine Himmelswesen, und seine glücklich strahlenden Augen begleiteten sie noch ein ganzes Stück des Weges.

Der kleine Engel öffnete wieder sein Buch und blätterte darin herum. Dann blickte er in den Himmel und seufzte.

»Ja«, sagte er, »Jeder Tag ist Weihnachten, und jedermann ist selbst dafür verantwortlich, es auch zu fühlen.«

Weihnachtsgrüße

(freie Übersetzung)

Hab die Weihnachtskarte nicht gesehn,

wollt Dir Grüß noch sende, wär das schön?

Such ma' da und such ma' hier,

werd dabei noch völlig wirr.

Grübel nach, streng an den Kopp,

was zauber ich so schnell noch aus dem Topp?

Weihnacht' steht schon vor der Tür

Un' mei Grüß sind noch nicht bei Dir!

Nehm ich schnell Papier und Stift;

Schreib in meiner schönsten Schrift,

mal Dir noch einen Stern und mehr,

Weihnachtsduft kommt ins Kuvert.

Zugeklebt und adressiert,

ein wunderschöner Brief das wird!

Schnell in die Stiefel, hopp, hopp, hopp,

ab geht die Post gar im Galopp!

Wirst Dich freue, ganz bestimmt,

Übers Briefje, das da kimmt.

Weihnachtsgrüß' die schick ich Dir,

haste jetzt auch ein paar von mir!

Weihnachtsgrüße auf Hessisch

(zu Gast in einem hessischen Haushalt)

Aich ho de Chrestdoogskort net geseh,

wollt Dir e mol goure so'h, des wä'r schieh.

Such e mo do, un such e mo hey

Aich werrn doobei scho völlig irr.

Dink e mo nooch, streng o de Kopp

Woas holl'n aich jetzt noch schnell aus em Dopp.

Christdoog stitt scho fer derr Deer

Un mei „Goures" is noch net bei dir.

Nèmm aich schnell Babajer un Steft,

schreib en meiner schienste Schreft.

Mool derr noch en Stern un mie,

Chrestdoogsdouft kiemmt in de Imschlög.

Zougebabscht en Noome droff,

en wonnerschiene Schrieb des wird!

Marsch in de Stiwwel hopp, hopp, hopp,

ab gitt de Post goor em Gallopp.

Wirst dich freue – gounz gewiss

öwwers Geschreibsel des do kimmt.

E Chrestdoogsbräibsche scheeck aich dir

host jetz, ach e poor fo mir.

Der Dating-Engel

Wie in jedem Jahr kam der kleine Engel auf die Erde. Dieses Mal landete er am Meer. Das Himmelswesen schloss die Augen und atmete eine tiefe Brise Seeluft ein. Zufrieden sah er sich um. »Was für ein wunderschön harmonischer Ort, das hier ist!«

Die vielseitig gefärbten Blätter und die milde Luft vermittelten ihm ein Gefühl von Herbst. Er wunderte sich, dass er nicht wie sonst erst zur Weihnachtszeit beauftragt wurde, zu den Menschen zurückzukehren. Doch er wusste, dass es wohl seinen Grund haben würde.

Das Wellenrauschen beflügelte sein Herz, und beschwingt machte er sich auf den Weg, den Platz zu suchen, an dem er heute wieder Neues über die Menschen erfahren durfte. Er schlenderte mehrere

Stunden am Meer entlang, und langsam färbte sich der Abendhimmel in den verschiedensten Rottönen.

Der Engel brauchte keine Straßenkarte oder ein neumodisches Navigationssystem, allein seine Intuition vermochte es, ihn dorthin zu bringen, wo er seine Mission erfüllen sollte. Also genoss er die Atmosphäre, die ihn umgab.

Plötzlich sagte ihm seine innere Stimme, dass er angekommen sei, und der kleine Himmelsbote visierte einen dicken großen Stein an. Es war einer von sehr vielen hier am Strand, und genau dieser sollte es sein.

Doch was war das? Genau dieser Stein war bereits besetzt. Dort saß eine Frau mittleren Alters und schaute gedankenverloren übers Meer.

»Grüß dich, liebes Menschenwesen. Ich freue mich, dich zu treffen, doch ich muss auch anmerken, dass dieser Stein mir zugeteilt ist.«

Die Frau wurde aufmerksam und drehte sich zu ihm um. »Grüß dich, keiner Engel. Komm und setzt dich zu mir. Der Stein ist groß genug für uns beide. Ich habe bereits auf dich gewartet.«

»Woher wusstest du, dass ich hierherkommen würde?«

»Reine Intuition«, antwortete sie schelmisch und zwinkerte ihm zu.

Der Engel musste lachen. Es gefiel ihm, wenn sich Menschen auf ihre Intuition verlassen konnten.

Erfreut nahm er Platz. Die Frau holte Holz aus einem Korb, das sie zuvor gesammelt hatte, und legte es in das Feuer. Dann hängte sie einen Topf mit Suppe ein und setzte sich wieder. Schon bald züngelten die Flammen um die Holzscheite und verbreiteten eine wohlige Wärme.

»Ich sehe, du hast an alles gedacht«, bemerkte der Engel erfreut, als die Frau begann, die heiße Mahlzeit in zwei tassenähnliche Behälter zu verteilen. »Also, erzähl mir, was hast du auf dem Herzen?« sprach der Engel und lächelte sie an.

»Ach, weißt du, ich bin häufig sehr unzufrieden mit meinem Leben und fühle mich oft einsam.

Meine Kinder sind erwachsen. Die meiste Zeit habe ich mich allein um sie gekümmert. Jetzt brauchen sie mich nicht mehr. Meine Ehe ist gescheitert, und nun habe ich so viel Zeit für mich, dass ich sie manchmal nicht recht zu nutzen weiß? Früher hatte ich mir häufig ‚Zeit für mich‘ gewünscht. Da wurde mir oft alles zu viel. Doch jetzt fehlen mir Gespräche, ich vermisse sogar die kleinen Streitereien und Nörgeleien der Kinder im Alltag. Weihnachten ist auch nicht mehr das, was es war. Und ich würde gern mal wieder von einem starken Mann in die Arme genommen werden.«

»Was brauchst du einen starken Mann, wenn du dein Leben so gut allein meistern kannst?«

»Zum Liebhaben, kleiner Engel. Ich möchte endlich mal wieder so richtig lieb gehabt werden!«

»Du strahlst so viel Stärke und Mut aus. Du müsstest doch wissen, dass du ein toller Mensch bist. Und schau mal: Was hast du alles aus eigener Kraft geschafft? Allein dafür müsstest du dich schon ein ganz großes Stück selbst lieb haben.«

Plötzlich versagte es der Frau die Stimme, und Tränen kullerten über ihre Wange. »Ich seh' schon, kleiner Engel, selbst du willst mir das mit einer neuen Partnerschaft ausreden. Für mich scheint es wirklich nicht mehr den Richtigen zu geben!«

Der Engel schluckte und schwieg. Verstehe einer diese Frau? Es tat ihm in der Seele weh, wie enttäuscht dieser Mensch von seinem Leben war und wie verzweifelt und traurig zugleich. »O weh, da läuft das Herz über«, meinte der Engel schließlich und nahm sie in seine Arme.

Die Frau schluchzte, doch sie fing sich bald wieder und löste sich aus seiner Umarmung. Sie stand auf und plauderte einfach drauflos. »Ich habe schon so vieles ausprobiert. Dating hier, Single-börse dort; Treffen hier, Telefonate da; immer korrekt aussehen, falls der Prinz auf dem edlen Ross vielleicht doch mal vorbeikommt.« Sie setzte ein ironisch gespieltes Lächeln auf, das aber sofort wieder erlosch. »Ach, das willst du bestimmt alles gar nicht wissen.«

Plötzlich wurde sie wieder still, blieb stocksteif stehen, steckte die Hände in ihre Hosentaschen und sah ins Feuer.

»Du hast immer alles gegeben, deinen Eltern, deinen Kindern, deinen Freunden … und was ist mit dir? Hast du dir auch die nötige Liebe gegeben? Wieso wartest du darauf, die Liebe von anderen zu bekommen? Wenn du dir genug Aufmerksamkeit und Liebe schenkst, kannst du auch ohne andere Menschen glücklich sein!«

»Ach, was weißt du schon? Die üblichen Sprüche. Liebe dich selbst, und alles ist gut! Nein, ist es nicht!« Sie sah den Engel durch die empor-züngelnden Flammen an. »Was nutzt mir Selbst-liebe, wenn ich einsam bin? Ich habe alles getan, um auch allein glücklich sein zu können. Ich erlaube mir Urlaube an wunderschöne Orten, doch ich bin allein. Ich versuche, die Stille zu genießen, doch ich vermisse die Lebendigkeit. Ich mache alles, um wieder einen Mann kennenzulernen, doch ich bekomme nur unmoralische Angebote für eine

Nacht oder Affären. Wo ist der Mann, der normal ist und nur mich lieben will?«

Der Engel zuckte mit den Schultern und sah ratlos drein. »Finden die passenden Menschen normalerweise nicht durch menschliche Anziehungskraft und gegenseitige Liebe zueinander?«

Die Frau lachte kurz sarkastisch auf. »Mein liebes himmlisches Wesen, ich sehe, deine Eindrücke beruhen eher auf älteren Erfahrungswerten. So läuft das bei den Menschen schon lange nicht mehr. Heutzutage lernt man sich über Singlebörsen und Dating-Plattformen kennen. Die Menschen sind zu eingeschüchtert und feige, einen anderen Menschen persönlich anzusprechen. Es wird immer schwieriger, jemand zu treffen und einfach kennenzulernen.«

»Hm«, wunderte sich der kleine Himmelsbote. Warum schaffte diese Frau es nicht, dem richtigen Partner zu begegnen, wenn sie doch sonst so eine gute Intuition hat?« Er deutete auf einen Stein im Meer. »Schau mal, dieser Stein dort: Scheinbar einsam liegt er da, nicht weit vom Strand entfernt und doch überflutet das Meer ihn immer wieder. Das herankommende Wasser umspielt ihn zunächst, um ihn gleich mit der nächsten Welle unter sich zu begraben. Kleine Strudel lassen vermuten, dass er kämpfen muss, um nicht zu ertrinken. Doch was macht ein Stein? Er bleibt geduldig liegen und lässt das Leben um sich herum geschehen.«

»Und was, bitte schön, willst du mir damit sagen? Was hat dieser Stein mit meinem Leben zu tun? Ich bin kein Stein, der brav dort liegen bleibt und verharrt. Ich gestalte mein Leben selbst und werde aktiv, wenn es sein muss«, verteidigte sich die Frau verbittert.

»Hab Geduld!« Manchmal musst du auf die Dinge warten, bis die Zeit dazu reif ist!«

Die Frau seufzte.

Nun schwiegen beide wieder, und eine gedrückte Stimmung hing in der Luft.

Plötzlich näherten sich Schritte, und als die Frau aufsah, stand er bereits vor ihr.

»Wunderschönen guten Abend, schöne Frau. Darf ich mich an Ihrem Feuer wärmen? Ich habe wohl die Zeit vergessen und mich ein wenig verirrt«, sagte ein durchaus attraktiver Mann mittleren Alters.

Noch aufgewühlt von dem Gespräch mit dem Engel, reagierte sie etwas barsch. »Tut mir leid, ich habe schon einen Gast.« Sie zeigte neben sich.

Der Mann war irritiert.

Sie sah neben sich und stellte fest, dass der Platz frei war. Schnell fasste sie sich und stand auf.

»Entschuldigung, ja, aber natürlich. Nehmen Sie Platz. Möchten Sie vielleicht eine Tasse Suppe zum Aufwärmen?«

»Ja, gern!«

Sich über sich selbst wundernd murmelte sie: »Manchmal spreche ich wohl mit kleinen Engeln.«

Er setzte sich auf den Stein neben das Feuer. »Das macht nichts. Passiert mir auch schon mal«, meinte er beiläufig.

Irritiert sah sie ihn an und musste lächeln. Sie reichte ihm das Gefäß mit der heißen Mahlzeit und setzte sich neben ihn. Zunächst sahen beide unsicher ins Feuer, doch dann begannen sie sich zu unterhalten und … vielleicht sogar über Engel?

Jedenfalls versprach es, ein sehr netter Abend zu werden.

Ich schenke Dir einen Engel

Ich schenke Dir einen Engel.

Schau ihn Dir an!

So, wie er ist,

in all seiner Sanftheit, Schönheit und Liebe.

Nimm seinen Frieden in Dir auf,

der Deine Seele zur Ruhe kommen lässt.

Er sieht Dich liebevoll an.

Erzähl ihm Deine Sorgen,

er wird Dir zuhören.

Seine Augen schicken Dir den wärmsten Sonnenstrahl,

direkt in Dein Herz.

Der kleine Engel hat Dir etwas mitgebracht.

Er hält einen Stern behutsam in seinen Händen.

Dieser Stern ist für Dich

Darin findest Du Glück – Dein Glück!

Überlege einmal,

wie dieses Glück für Dich aussehen kann?

Was siehst Du darin,

das Dich jetzt schon zum Lächeln bringt?

Sag einmal,

bist Du vielleicht selbst dieser

Engel?

Und schon ist es Weihnachten ...

Kinder fragen schon eine ganze Weile,
wann ist mit Warten endlich Schluss?
Doch ich bin immer nur in Eile
dass mir bleibt nur der Verdruss.

Keine Weihnachtsstimmung kommt recht auf,
alles geht so seinen Lauf.
Geschenke packen, schmücken, welches Essen?
Hab ich denn jetzt noch was vergessen?

Ach, ich weiß das alles nicht,
mein Kopf ist mit Gedanken dicht.
Jetzt gönn' ich mir erst mal 'nen Tee
und warte auf den ersten Schnee.

Und plötzlich ists, als hör ich was;
Sei mal ganz leis und horch auf das:
Es läutet etwas dort im Weltenraum
und siehst Du hinaus, Du glaubst es kaum!

Die Spannung steigt jetzt, und ich zitter',
War es das Christkind oder ein Gewitter?
Das Klingeln ist nicht mehr zu hören,
doch glaube mir, ich könnte es beschwören.

Von dort oben kam ein helles Klingen,
ein Engelschor, vielleicht beim Singen?
Die Erinnerung führt mich kurz zurück,
Illusionen spiegeln sich im Blick.

Doch dann ist alles fort, wie gemein,
und ich suche darin einen Reim,
Egal,, ob es wahr ist oder nicht?
Ich hab vergessen alle Pflicht.

Die Ruhe kommt, ich bin bereit,
Weihnachten ist nicht mehr weit.
Wenn Kinderaugen leuchten vor dem Tannenbaum,
erfüllt nur noch Freude, Herz und Raum.

Zeige dein Herz

und schenke Herzlichkeit

ls der Engel dieses Mal auf die Erde kam, landete er direkt auf einem Kirchplatz. Er kam jedes Jahr, immer in der Adventszeit hier zu den Menschen, um etwas von ihnen zu lernen. Soeben läuteten die Glocken, und es war ein reges Treiben vor dem Kirchenportal. Heute war der 1. Advent. Die Menschen strömten in die Kirche und wollten den Beginn der Vorweihnachtszeit miterleben. Das heimelige Gefühl, wenn die erste Kerze am hiesigen Adventskranz angezündet und ihr Licht ihre Herzen erleuchten würde, waren sie immer gern bereit, mit nach Hause zu nehmen.

Der kleine Engel mischte sich unter das Volk und huschte mit in die Kirche, wo alsbald die

Orgelklänge den Beginn des Gottesdienstes ankündigten.

Er war noch etwas scheu und wollte sich erst einmal besinnen, bevor er sich seiner Aufgabe widmete, die er hoch oben von seinem Herrn anvertraut bekommen hatte. Denn immer, wenn er aus den hohen Himmelsphären losflog, wusste er nie, wo er denn wirklich ankommen würde.

Er hockte sich unauffällig auf die hölzerne Brüstung ganz nah bei der Orgel und lauschte den Worten des Pfarrers. Leise summte er die heiligen Lieder mit, die immer wieder sein Herz berührten und erwärmten.

In der Predigt sprach der Geistliche über herzliche Angelegenheiten, und dass es viele verschiedene Möglichkeiten gäbe, Herz zu zeigen. Die Kirchenbesucher fühlten sich angesprochen und wunderten sich, was das denn mit dem Beginn der Adventszeit zu tun haben könne? Die Antwort ließ nicht lange auf sich warten. Am Ende seiner Rede forderte der Prediger die Menschen auf, sich einmal Gedanken darüber zu machen, wie weit jeder Einzelne von ihnen bereit ist, Herz zu zeigen. Dafür sollten sie die Adventszeit nutzen. Denn jeder durfte ein herzliches Geschenk in den Korb unter die Krippe legen, um dem Jesuskind sein Herz zu zeigen.

Ein Raunen und leises Lachen ging durch die Reihen.

Eine sehr ungewöhnliche Aufgabe, dachte der Engel. Womit er wohl nicht allein in diesem Raum war. Doch später fand er diese Idee sehr reizvoll, und irgendwie hatte sie etwas typisch Menschliches. Wollte nicht jedereiner auf Erden sein Herz zeigen? Wenngleich es in dem Alltag der Menschen, so wie er wusste, nicht immer einfach war. Die Erdenbürger taten sich etwas schwer damit, obwohl sie alle sich wohl tief im Herzen wünschten, es wäre dennoch so.

Bald war der Gottesdienst zu Ende. Alle Leute verließen die Kirche und gingen nach Hause. Der Engel machte es sich auf dem wunderschön geschwungenen Holzgeländer der Orgeltribüne gemütlich und war neugierig, wie diese Geschöpfe in den nächsten Tagen dem Jesuskind ihre Herzlichkeit darbieten würden.

Der Flug hierher war lang, die Begegnung mit den Menschen sehr interessant und aufregend. Somit war der kleine Engel sehr erschöpft, dass ihm schon bald die Äugelein zufielen. Doch kurz bevor er einschlief, dachte er an seine wichtige Aufgabe, die er hier auf Erden erledigen sollte und stellte fest, dass er hier genau richtig war. Denn seine Frage an die Menschen war: »Wie sehr waren sie bereit, ihr Herz zu öffnen?«

Der kleine Engel war so gespannt und wartete jeden Tag, was sich jedereiner wohl ausgedacht hatte, doch es blieb still in der Kirche. Mit Ausnahme der Küsterin, die ihren Dienst in Stille und Hingabe erledigte, waren es nur noch die fleißigen Putzfrauen, die der Engel zu Gesicht bekam. Von ihnen hörte er, was die Menschen außerhalb der Kirchenmauern so dachten.

»Wie witzig«, meinte die eine, »du glaubst doch selbst nicht, dass irgendjemand von diesen feinen Leuten dort draußen für das Jesuskind hier etwas in den Korb legt? Mein Egon weiß gar nicht, was er davon halten soll. Er hat sich schrecklich aufgeregt. Wer von all den Leuten hat denn heutzutage noch Herz? Das ist doch alles nur Scheinheiligkeit! Da hat unser guter Pastor sich aber mal ganz schön weit aus dem Fenster gelehnt.«

»Das kann ich mir auch nicht vorstellen«, meinte die andere, »so was Albernes!«

Der Engel wurde aufmerksam und kam ins Grübeln. Was hatten die Frauen da gerade erzählt? Niemand würde so viel Herz zeigen und dem Christuskind ein kleines Geschenk bringen wollen, das von Herzen kommt?

Er schüttelte fassungslos den Kopf. Das konnte und wollte der kleine Himmelsbote nicht wahrhaben. Womöglich glaubten sie noch nicht einmal mehr an Engel, kam es ihm in den Sinn. Das kleine Himmelswesen wurde sehr, sehr nachdenklich.

Doch die emsigen Putzfrauen sollten wohl recht behalten.

Es wurde wieder Sonntag, die Glocken läuteten, und die Kirchentüren öffneten sich. An diesem Tag waren es sichtlich weniger Besucher, die die zweite Adventskerze anzünden und einen besinnlichen Gottesdienst feiern wollten. Es waren ganze zehn Kirchgänger zu zählen.

Die Enttäuschung war dem Pastor sichtlich anzumerken, und er trug dieses in drei kleinen Sätzen kund. »Es wundert mich sehr, dass bisher noch niemand unter uns den Mut hatte, etwas Herzliches in den Korb zu legen. Dabei ist es gar nicht so schwer! Wir sollten alle noch einmal in uns gehen. Es ist ja noch etwas Zeit bis Weihnachten.«

Betretene Stille machte sich breit.

Langsam wurde der kleine Engel ärgerlich. Was war mit den Menschen los? Traute sich wirklich niemand, Herzlichkeit zu zeigen? Waren sie so verbittert und hatten ihr Herz völlig verschlossen? Doch warum nur?

Spontan stürzte sich der Engel von der Brüstung und flog durch die Kirche. Er flog so nah an den Köpfen der Leute vorbei, dass sie zumindest einen Luftzug hätten spüren und aufmerksam werden müssen. Doch er war sich nicht sicher. Dann setzte er sich auf den Rand der mit Stroh gefüllten Krippe und sah zu den Menschen hinüber. Nichts! Niemand sah zu ihm, und niemand hatte ihn bemerkt. Er stützte die Ärmchen in die Hüften und lief rot an.

Das war doch nicht möglich!

»Da sitzt ein Engel auf der Krippe!«, rief plötzlich der kleine Leo ganz laut. Mit dem Finger zeigte er direkt nach vorn. Der kleine Kerl winkte ihm zu, und der Engel winkte strahlend zurück.

Die Kirchenbesucher wurden auf Leo aufmerksam und sahen ihn mit finsteren Mienen an. Die junge Mutter neben ihm hob die Schultern. »Kinder halt«, murmelte sie. Schnell ermahnte sie ihren Sohn zur Ruhe.

Der Engel freute sich so sehr, dass er sich erhob und noch eine Ehrenrunde flog. Der Junge gehorchte seiner Mutter, doch beobachtete er den kleinen Himmelsboten noch so lange, bis er hinter der Orgel verschwand.

Ein älterer Herr war ebenfalls aufmerksam geworden und hatte den Engel auch gesehen. »Ja«, rief er, »da fliegt tatsächlich ein kleiner Engel.« Niemand anders wollte das wirklich hören, so wurde auch dieser Mann wieder still. Er war es gewohnt, dass man ihn nicht mehr ernst nahm.

Die Begebenheit am zweiten Adventsonntag machte nun die Runde, denn der kleine Leo nahm kein Blatt vor den Mund und erzählte im Kinder-garten von seinem Erlebnis mit dem Engel und dass der Mann ihn auch gesehen habe. Die Kinder erzählten es ihren Eltern, und diese wiederum berichteten Freunden und Nachbarn davon.

Phänomenal!

Der kleine Engel ahnte nichts von diesem Lauffeuer, nicht eher, bis der erste Besucher zur Tür hereinspaziert kam und sein Geschenk in den Korb legen wollte. Es war der kleine Leo, und er hatte seinen Freund mitgebracht. Sie waren einen kleinen Umweg auf dem Nachhauseweg vom Kindergarten gelaufen und wollten kurz in der Kirche vorbeischauen.

Er hatte auf dem Spielplatz einen Stein gefunden, und wenn man genau hinsah, war ein Herz darauf zu erkennen. Den brachte er dem Jesuskind. Sein Freud hatte einen Plastikring dabei mit einem leuchtend pinkfarbenen Herz darauf. Den hatte er am heutigen Morgen seiner Schwester abgeschwätzt, und er war neugierig auf den Engel, von dem Leo ihm erzählt hatte.

Doch diesmal zeigte sich der Engel nicht.

Es sprach sich herum, dass irgendjemand etwas in den Gabenkorb für das Christuskind gelegt haben sollte, und von nun an hatten sich wohl mehrere Menschen mit diesem Gedanken beschäftigt. Tatsächlich kam nun immer wieder mal jemand in der Kirche vorbei und legte etwas in den Korb vor die Krippe.

Ein kleines Mädchen kam eines Tages in ihrem hübschen Ballettkleid und tanzte eine wunderschöne Pirouette vor. Das hatte es gerade im Ballettunterricht gelernt und wollte es dem Christuskind zeigen. Zum Schluss machte es einen Knicks und schenkte dem Jesuskind einen Handkuss.

Ein wohlhabender Mann brachte ein Kettchen mit einem Goldanhänger vorbei. Eine ältere Frau legte ein gehäkeltes Täschchen in Herzform in den Korb.

Ein kleiner Junge in schmuddeliger Kleidung stand vor der Krippe und weinte leise vor sich hin.

Der Engel sah das und sprach das Kind an. »Warum weinst Du?«

»Ich habe kein Geschenk für das Jesuskind.«

»Doch, das hast du«, sagte der Engel. »Es steckt tief in dir drin, und es kommt aus deinem Herzen!«

Da leuchteten die Augen des Kindes, denn es wusste, was der Engel meinte. Es sprach ein Gebet. »Ich bin klein, mein Herz ist rein, soll niemand drin wohnen als Jesus allein.« Dann schenkte es dem Jesuskind sein wunderschönes Lächeln und lief frohen Mutes aus der Kirche.

Es wurde wieder Sonntag. Heute war der dritte Advent und der Pastor freute sich, dass seine Botschaft bei den Menschen endlich angekommen war. Er bedankte sich für die ersten herzlichen Geschenke. Die Kirche war heute wieder besser besucht, und er predigte über das Geben und Nehmen, das von Herzen kommt.

In der darauffolgenden Woche schaute ein Teenager in der Kirche vorbei. Er kam mit leeren Händen. Er setzte sich im Schneidersitz vor die Krippe und schwätzte einfach drauflos. »Weißte, Jesuskind, ich hab mit dir sonst nicht viel am Hut, doch irgendwie wollte ich dir doch etwas vorbeibringen. Ich suchte, doch ich fand nix, was dir hätte gefallen können. Da dachte ich,

ich komme selbst und habe nur mich dabei. Vielleicht magst du es, wenn jemand mit dir schwätzt. Mir hört selten jemand zu. Vielleicht komme ich demnächst noch einmal vorbei.« Er stand auf, doch dann hielt er inne und meinte: »Ich habe doch noch etwas für dich!« Er holte eine Dose mit einer Flüssigkeit und eine Metall-schlinge aus seiner Tasche, und dann zauberte er die wunderschönsten Seifenblasen. Als er fertig war, verbeugte er sich vor der Krippe. »Ich kann nicht viel, doch Seifenblasen zaubern, das kann ich. Ich hoffe, es hat dir gefallen?« Er drehte sich um und ging.

Der kleine Engel war so begeistert, dass er beinahe Applaus geklatscht hätte, doch dann hätte er sich verraten und diesen schüchternen Jungen vielleicht verschreckt.

Ein junger Student brachte ein kleines Buch. Es hieß Herzangelegenheiten.

Ein wissender Mann kam, legte eine Decke in die Krippe und sagte: »Liebes Jesuskind, ich weiß, du hattest nur Stroh in deiner Krippe, doch heute ist alles anders. Deshalb schenke ich dir diese warme Decke.«

Nach dem vierten Advent brachte eine junge Mutter ein kleines Teelicht und zündete es an. Sie wollte dem kleinen Jesuskind ihre Herzenswärme schenken. Der Engel wurde vor Rührung rot. Er spürte die Wärme und Liebe, die diese Frau zu geben hatte.

Und des Nachts hatte sich wohl eine Katze in die Kirche verirrt, oder war sie sogar heimlich hineingeschlichen? Sie hatte eine Maus gefangen und das leblose Wesen unter die Krippe gelegt. Der Engel musste schmunzeln, doch als die Katze ihn bemerkte, lief sie scheu von dannen.

Am Heiligen Abend hatten wohl einige Menschen ihren Seelenfrieden wiedergefunden, und es kamen viele Leute zum Gottesdienst. In weihnachtlicher Stimmung und harmonisch berührender Atmosphäre sangen alle gemeinsam schöne Weihnachtslieder und lauschten den verkündenden Worten des Pastors.

Zufrieden saß der Engel auf dem Geländer der Orgeltribüne und lauschte ebenfalls. Er ordnete seine Gedanken und kam zu dem Schluss: Auch, wenn es scheint, als wenn jemand nicht viel zu geben hätte, besitzt er dennoch ein Herz, aus dem ganz viel Gutes fließen kann.

Jedereiner kann Herzlichkeit zeigen, auf seine eigene ganz besondere Weise.

Sinnlich berührt ...

Auf der Suche nach dem Weihnachtsbaum

verlor ich mich in einem seltsamen Traum.

Vor einem Bäumchen, nicht größer da als ich,

blieb ich stehen

um einmal genauer hinzusehen.

Tief gefroren waren seine Zweige,

wunderschön verziert vom kalten Eise.

Dennoch schien er nicht zu verzagen.

Was will er mir damit nur sagen?

Plötzlich war ich gebannt in alten Welten,

doch es waren nicht die Kelten.

Erfüllt von der Magie allein,

selig berührt, dem Zauber verfallen zu sein.

Sterne erfüllen funkelnd die Nacht,

haben Frieden in mein Herz gebracht.

Tränen laufen leise über meine Wange,

sehnsüchtig schaue ich, doch ohne Bange.

Stille um mich rum ganz viel,

lassen vergessen für kurze Zeit Weg und Ziel.

Bilder weit hinten am Horizont gemalt,

wohl ein Déjà-vu;

fliegen an mir vorüber ohne Müh.

In Gedanken verloren, versunken tief im eigenen Sein

steh ich dort, nur mit mir allein, in hellem Schein.

Ringsherum ist's eisig kalt, doch in mir drin,

ein Gefühl ganz wohlig warm,

sagt mir leise, dass Friede in mein Herz nun kam.

Sterne

Für jeden Menschen auf dieser Welt

steht ein Stern am großen Himmelszelt.

Man erzählt sich ...

Er entsteht jedes Mal, wenn ein Kind geboren wird!

Er begleitet Dich Dein ganzes Leben hindurch!

Er weist Dir den Weg, wenn Du willst!

Sternschnuppen verheißen Dir, Wünsche zu erfüllen.

Doch Sterne gibt es nicht nur am Firmament!

Schau Dich mal um:

Überall um Dich herum sind Menschen,

die Dich lieben

und Dir manchmal einen Stern vom Himmel holen!

Magische Weihnacht

s war Winter. Der Magier machte sich auf den Weg und fütterte die Tiere im Wald. Alle versammelten sich in seiner Nähe vor der Futterkrippe. Der Mann verteilte Stroh in einer selbst geschnitzten Holzkrippe. Heute hatte er noch ein paar getrocknete Beeren für die Tiere dazugelegt, denn es war Weihnachten. Langsam kamen viele Tiere näher und beschnupperten die verführerische Auslage. Zärtlich streichelte er dem sonst so scheuen Rehkitz über den Kopf. Er hockte sich nieder und streute dem kleinen Hasen ein paar Beeren vor die Nase. Verschreckt wich er zurück, doch die Neugierde auf die Leckerei siegte. Der kleine Hase wagte sich heran und fraß. Ein Gefühl von Geborgenheit, Vertrauen und Zuneigung machte sich breit. Der Magier setzte sich auf den Boden, lehnte sich an den nebenstehenden Baum und schaute den Tieren zu. Ein Gefühl von Stille und Frieden war spürbar da.

Er gab sich seinen Gedanken und dem Gefühl in seinem Herzen hin. Irgendwie war er glücklich, hier, wo er war, mit dem Wenigen, was er hatte. Zu viel Schlechtes hatte er erleben müssen, das ihn hierhergetrieben hatte. Seinen Entschluss bereute er jedoch nicht. Er hatte die Einsamkeit freiwillig gewählt. Hier oben im Wald, verbunden mit sich allein und der Natur.

Diese Begebenheit, die sich damals zugetragen hatte …

Sein Herz verkrampfte sich immer noch, wenn er daran dachte. An jenem besagten Tag war er als Heiler unterwegs gewesen und ging zu dieser Familie. Die Mutter lag in den Wehen, doch es gab Komplikationen. Das Kind lag quer, und es kam nicht zur normalen Geburt. Immer noch hallten die Beschimpfungen des Mannes und die Schreie der Frau in seinen Ohren, und er sah dieses ganze Blut auf seinen Schoß fließen. Eine innere panische Angst packte ihn damals und zog sein Herz zusammen. Plötzlich war er völlig hilflos und wusste keinen Rat mehr. Dann lief er einfach fort, nicht wissend, was aus dem Kind und seiner Mutter werden würde. Die Todesstrafe war ihm sicher. Zunächst hatte er sich in einem Erdloch verstecken können, und dann war ihm die Flucht aus der Stadt gelungen. Er wusste, dass er niemals wieder zurückkehren konnte.

Ja, so, wie es war, war es gut! Er hauste hier in einer Höhle und war fernab von der Zivilisation, doch hatte er den Platz gefunden, wo er hingehörte und wo er sich in Sicherheit fühlen konnte. Schon damals suchte er diesen Ort häufiger auf, wenn er gern allein war, und dennoch gab es eine tiefe Stelle in seinem Herzen, die sich sehr leer anfühlte. So unsagbar leer! Manchmal so sehr, dass sie zu bluten schien. Irgendetwas fehlte ihm zu seinem vollkommenen Glück. Doch was sollte es sein?

War es die Tatsache, dass er mit der Flucht auch seine große Liebe Ravenna verlassen hatte, ohne ihr einmal noch Lebewohl sagen zu können?

Sehnsüchtig schaute er in die Ferne, hinüber zu der Burg. Dort, wo heute am Weihnachtsabend ein rauschendes Fest gefeiert werden sollte. Er wusste, es würde getanzt, gesungen und gelacht, die Fröhlichkeit hielte Einzug unter all diesen Menschen.

Das kannte er nur zu gut aus vergangenen Zeiten bis hin zu dieser Zeit, als er sich entscheiden musste, die Einsamkeit aufzusuchen.

Langsam wurde es dunkel. In weiter Ferne sah der Magier die funkelnden Lichter und brennenden Fackeln. Doch hier, fernab von allen Menschen, waren es nur die Sterne hinter der großen Tanne, die ihm einen Hauch von Weihnachtsgefühl vermitteln konnten. Dann, wenn sie funkelnd in der Tanne tanzten und ihn an einen beleuchteten Weihnachtsbaum erinnerten.

Melancholie legte sich auf sein Herz. Wehmütig sah er in Richtung Burg, wo es lebendig zuging.

Leise begann der Magier eine Melodie zu summen. Eine Weihnachtsmelodie.

In Gedanken sah er sie tanzen. Ravenna, die Frau, der all seine Liebe damals einmal gehörte. Auch wenn er meilenweit weg von ihr war, spürte er ihre Nähe immer wieder ganz nah an seinem Herzen. Ganz besonders in diesem Moment. Wie lange mochte es her sein, dass sie hier für ihn getanzt hatte? Er konnte sich nicht mehr wirklich erinnern. Tränen rannen ihm über seine Wangen. Heute schien ein Tag zu sein, der sein Herz seltsamerweise stark berührte. Vielleicht, weil es Weihnachten war?

Der Tag neigte sich dem Ende zu, und ein Stern nach dem anderen zeigte sich am weiten Firmament. Der Magier zündete ein Feuer an, das lichterloh und voller Energie gen Himmel brannte. Die Flammen züngelten hoch empor und suchten den Weg zu den Sternen, die vermochten, die Sehnsüchte der Menschen widerzuspiegeln. All sein Sehnen, all sein Flehen waren wieder da, so intensiv nah. Niemand konnte ihn heilen von seiner Qual, außer er selbst, das war ihm klar. Was sollte er tun? Seine Sehnsüchte, seine Liebe, sein tiefer Schmerz und die Schuld, die er auf sich geladen hatte, ließen ihm keine Ruh.

Ein Bild vor seinem inneren Auge ließ Ravenna wieder hier beim Feuer tanzen. So lebendig und lebensfroh und wunderschön …

Sicherlich war sie unter all diesen glücklichen Menschen dort unten auf der Burg und hatte ihn längst vergessen. Das war seine rechte Strafe, verurteilte er sich selbst.

So wie jetzt fühlte er sich ihr immer wieder nah, und so tanzte sie tagein, tagaus durch seine Gedanken. Wieder musste er weinen, es zerriss ihn innerlich. Dann schalt er sich einen trauernden Feigling, und Wut erfüllte sein Herz. Hart schlug er gegen seine Brust, doch die Tränen wollten nicht versiegen. Im Fluss von Wut, Liebe und Trauer traten sie aus ihm heraus und liefen ihren Weg, bis sie unachtsam im weichen Waldboden versiegten.

Zu stark war die Erinnerung an jene Tage, wo diese Liebe lebendig war, Ravenna zu ihm kam, sich neben ihn ans Feuer setzte und beide über Gott und die Welt philosophierten. Sie und er … sich gegenseitig ihre tiefsten Gefühle preisgaben und tief in das Herz des anderen sehen durften. Es war in einer Zeit gewesen, lange nach dieser Zeit. Ja, es war einmal, und er hatte alles zerstört. Der einst so starke Magier sank in sich zusammen, und voller Gram vergrub er den Kopf in seinen Armen.

Gedankenversunken und tief in sein Herz schauend saß er am Feuer. Er legte ein weiteres Holzscheit nach. Dankend nahmen es die Flammen auf, die zunächst an Energie verloren, aber schon bald wieder zu neuer Kraft erwachten. Sie stiegen lodernd hoch und vollführten scheinbar einen Dankestanz, bis sie ermüdet wieder kleiner wurden. Dann fanden sie sich mit all den anderen Flämmchen in dem kokelnd glühenden Holzscheit zusammen. Sie suchten einen Platz, um sich an der bescheidenen Energie der anderen längst ermüdeten Flammen zu laben und den letzten Rest an eigener Wärme zu schenken, der möglich war.

Der Magier erinnerte sich. Es war die Zeit der Raunächte. Ein Brauchtum um die Wintersonnenwende herum, der bei den antiken Germanen und Kelten wohl seinen Ursprung fand. Es hieß, in diesen Nächten stehen die Türen der Geister offen, und es wurde empfohlen, sich davor zu schützen. Aus dem Bauch heraus warf er ein paar getrocknete Beeren und Kräuter ins Feuer. Es knisterte laut, und ein wohlriechender Duft verbreitete sich. Doch glaubten die Menschen auch daran, dass besonders in diesen Nächten Wunder geschehen würden?

Der Mann suchte Rindenreste und ritzte zarte Worte hinein. Worte, die sein Herz berührten. Worte, die tief in seinem Herzen gefangen waren. Dann sammelte er diese in einem Beutel, den er immer bei sich trug. Täglich nahm er nun eines von den dreizehn Scheiten und warf es in das Feuer. Funken sprühten, es roch nach Harz, und kleine Feuerteilchen stoben voller Energie gen Himmel. Als er das dreizehnte Rindenscheit in den Händen hielt, tat sich ein Wind auf und blies das Feuer aus. Der Magier ließ es in Ruhe geschehen. Dunkel wurde es um ihn herum, und kalt. Er zog den langen Mantel enger um sich und blickte in den Himmel. Allein die Sterne waren noch da, die ihm so vertraut waren. Sie hatten ihn stets treu begleitet in all den Jahren, die er hier nun schon im Wald und in der Einsamkeit zugebracht hatte.

Doch sonst war alles einsam, dunkel und kalt.

Das letzte Rindenscheit konnte er nicht verbrennen, es verblieb in seiner Manteltasche. Was mochte wohl darauf stehen? Doch erst morgen nach Sonnenaufgang könnte er seine Neugierde stillen.

Er wusste, diesen einen Wunsch müsste er sich selbst erfüllen, so besagte es auch der Zauber der Raunächte.

Dann legte er sich in der schützenden Höhle zur Ruh.

Am nächsten Morgen weckten ihn die hellen Strahlen der Sonne, die durch die Ritzen der Steinfelsen ins Innere drangen. Der Mann rekelte sich und stand auf. Zuerst ging er zu der Futterkrippe, um nachzusehen, ob die Tiere etwas bräuchten. Dann setzte er sich wieder an den Baumstamm und blickte in den Himmel. Er erinnerte sich an das letzte Rindenscheit. Was mochte wohl darauf stehen? Er holte es aus der Manteltasche und las.

»Sei offen für die Menschen.« Der Magier schüttelte den Kopf und schalt sich einen Narren. Was sollte das? Schon lange hatte er den Glauben an die Menschen verloren. Das war genau der Grund, warum er hier in der Einsamkeit hauste, und über all die Jahre hatte er verlernt, sich auf die Menschen einzulassen. Da musste sein Herz wohl einen unbedachten Moment gehabt haben, als es ihn dazu verleitete, dieses auf das Rindenscheit zu schreiben.

Wie sollte er diese Aufgabe nur lösen? Ärgerlich steckte er das Scheit wieder in die Manteltasche und begann, es einfach zu ignorieren. Träumend sah er in den Himmel und ließ sich fallen in die Stille, die ihn hier tagein, tagaus umgab.

Plötzlich schreckte er auf und war von Sekunde an wach und aufmerksam. Da war ein Geräusch, das er hier noch nie vernommen hatte. Er spitzte die Ohren und lauschte, dann sah er sich suchend um. Wer zum Donnerwetter verirrte sich in diese Einsamkeit? Bisher hatte er niemanden hier angetroffen, der nichts von diesem schönsten Fleckchen Erde wusste.

Nach näherem Hinhören erkannte er eine helle Kinderstimme. Dieses Kind schien Tausende von Fragen zu stellen, und eine sinnliche Frauenstimme antwortete beharrlich.

Still blieb der Magier sitzen und wartete. Obwohl er seine Neugierde kaum zügeln konnte, verharrte er, und gleichzeitig mischte sich ein mulmiges Gefühl in sein Herz. Da waren Menschen in seiner Nähe. Mit Menschen hatte er so lange keinen Kontakt gehabt, und somit wusste er nicht, ob es etwas Gutes oder etwas Schlechtes zu bedeuten hatte?

Er musste nicht lange warten, da kam ein kleines Mädchen tanzend und hüpfend um die Biegung. Erschrocken blieb es stehen, als es den seltsamen Mann dort unter dem Baum sitzen sah. Wirkte er doch anders als die Menschen, die es kannte, und so fremdartig in seiner Erscheinung. Sein Mantel war an einigen Stellen zerrissen, und auch sein Gesicht war zugewuchert von einem wild gewachsenen Bart. Einzig seine von der Sonne angestrahlten leuchtend grünen Augen verrieten ihm, dass er lebendig war.

Nun löste sich die Anspannung des Kindes, und es machte kehrt. Hilfe suchend rief es nach seiner Mutter.

Verwunderung stand dem Magier ins Gesicht geschrieben, und er verharrte in seiner Position, neugierig auf das, was ihn noch erwarten würde? Er sollte für sein Warten belohnt werden.

Kurze Zeit später erschien eine wunderschöne Frau, und das verängstigte Kind hatte sich an ihren Rock geklammert.

»Mutter, wer ist das?«, fragte es, immer noch verunsichert.

Dem Magier blieb fast das Herz stehen. Doch dann entschied es sich dafür, heftig zu klopfen, und es schien sich fast dabei zu überschlagen. Der Liebreiz dieser Frau, die ihm so sehr vertraut war und die er immer in seinem Herzen festgehalten hatte, brachte ihn fast um den Verstand. Ihm versagte die Stimme, und er war unfähig, aufzustehen, um ihr entgegenzulaufen und sie fest in seine Arme zu nehmen. Tränen füllten seine Augen.

»Seid gegrüßt, mein lieber Magier«, begrüßte sie ihn mit einem liebreizenden Lächeln, »Ich hatte gehofft, Euch hier zu finden.« Entschlossen und mutig blieb sie vor ihm stehen. »Dürfen wir Platz nehmen?«, fragte sie höflich.

Stumm machte er eine ausladende Handbewegung und bot ihr freundlich nickend einen Platz an seiner Seite an.

Den Blick auf ihre Beine gerichtet, während sie ihren Rock zurechtzupfte und ihr Kind in den Arm nahm, das sich teils ängstlich hinter ihr versteckte und teils neugierig immer wieder mit dem Kopf hinter ihr hervorlugte, begann sie zu sprechen. »Nun, ich machte mich mit meiner kleinen Tochter auf den Weg, um Euch zu suchen.«

»Was führt Euch zu mir, meine Schöne? Was verschafft mir die Ehre, Euch wiederzusehen?«, fand er die Sprache wieder und beobachtete neugierig seinen Besuch.

Endlich fasste sie den Mut, ihn anzusehen, den Menschen, den auch sie schon immer in ihrem Herzen trug und niemals vergessen konnte, was auch immer damals geschehen war.

Doch nun fehlten ihr die Worte, und sie sah nur in seine Augen, so, wie sie es damals immer schon getan hatte. Ihr Herz klopfte vor Aufregung. Ein unsagbar erlösendes Gefühl schlich sich in ihr Herz, und ihre Augen begannen zu strahlen. Lange hatte sie in den letzten drei Jahren über alles nachgedacht. Das kleine Mädchen Mara wuchs ohne ihren Vater auf, und sie hatte Fragen, die sie als Mutter nicht mehr zu beantworten wusste. Damals, als der Magier fort war und sie bemerkte, dass sie sein Kind unter ihrem Herzen trug, war sie geflüchtet und in einem Kloster untergekommen, denn die Leute in der Stadt hätten sie geächtet. Doch nun hielt sie es nicht länger aus und war auch dort mit ihrem Kind fortgelaufen.

Fasziniert von diesen Augen, die sie ebenfalls voller Liebe ansahen, fuhr sie fort. »Ich musste zu dir kommen! Mein Herz war so traurig und …« Die zog das kleine Mädchen behutsam vor sich. »Hab keine Angst, mein Kind, das ist dein Vater, nach dem du schon so lange gefragt hast.«

Der Magier war emotional so sehr berührt, dass er erneut keine Worte fand. Dennoch erhob er sich und stellte sich vor sie.

»Verzeiht, liebster Magier, dass ich Euch dieses verschwiegen habe, ich hatte keine Möglichkeit.« Sie reichte ihm das Mädchen entgegen.

Er nahm sie, hielt sie zunächst in einiger Entfernung von sich und schaute in ihr zartes

Gesicht. Sie hatte dieselben großen strahlenden Augen und dasselbe bezaubernde Lächeln wie ihre Mutter. Als die Kleine ihm die Arme entgegenstreckte, drückte er sie fest an sich und herzte sie innig. Dann reichte er Ravenna ehrfürchtig die Hand. »Steh auf, meine Liebe, und lass dich in meine Arme schließen.« Mit Tränen vor Rührung und Erlösung zugleich stand sie auf und ließ sich von ihm ebenfalls umarmen.

Zu dritt standen sie eng umschlungen, ihre Herzen ganz nah beieinander und weinten. Ja, auch der einst große Magier weinte vor Glückseligkeit.

»Wie sehr hast du mir gefehlt, liebste Ravenna«, sagte er mit erstickter Stimme und küsste sie zärtlich auf die Stirn.

»Komm, wir gehen von hier fort und beginnen ein ganz neues Leben. Unsere Liebe soll niemals enden«, ergänzte Ravenna.

»Ich werde euch niemals mehr allein lassen.«

Eng umschlungen, und die kleine Mara auf seiner Schulter tragend, gingen sie fort, Arm in

Arm, Hand in Hand und Herz an Herz. Dorthin, wo ihre Liebe erblühen und neue Früchte tragen konnte, bis in alle Ewigkeit.

Quellen:

Raunächte
https://www.beautifulcastles.de/kelten/keltische-kultur/
rauhn%C3%A4chte-und-mittwinterfest/

Vom Zauber der Rauhnächte,
Vera Griebert-Schröder, Franziska Muri;
www.irisiana.de

Fragen an das vergangene Jahr

Wo sind all die Lichter?

Es war immer so heimelig,

die vielen Lichter in den Fenstern zu sehen.

Heute sparen die Menschen auch am Strom.

Wo ist das Jahr geblieben?

Die Zeit rennt,

Termine bestimmen unseren Alltag.

Eh wir uns versehen, ist Weihnachten – und auch

wieder vorbei;

Wir haben es kaum bemerkt.

Warum freue ich mich nicht so auf diese schöne Zeit

wie früher?

Sorgen, Ärger und Stress

blockieren meine Gefühle,

verwehren dem Moment im Jetzt

glücklich zu sein.

Zeit der Ruhe,

Zeit der Besinnlichkeit …

Wo ist sie geblieben?

Schluss damit!

Jeder Tag kann Weihnachten sein!

Ist es nicht lebenswerter,

die Besinnlichkeit

in vielen kleinen Momenten

über das ganze Jahr hinweg zu sehen;

anstatt ewig nur auf Weihnachten zu warten?

Nicht dein Denken bestimmt
dein Glück, sondern

dein Herz!

Den Träumen ganz nah

… schon früh in ihrem Leben lernt Eileen, dass Träume zwar erlaubt sind, sie sich aber nicht immer von alleine erfüllen.

Als Ronny sie Hals über Kopf verlässt, um ein großer Boxchampion zu werden, ist sie bereits schwanger.

Zum Glück gibt es ihre beste Freundin Tina, die ihr als Einzige zur Seite steht. Ihr Glück scheint endlich perfekt, als sie Eric kennenlernt.

Ronny wird zum *Champ oft the Ring* gekürt. Doch nach einer harten Niederlage kommen ihm Zweifel, ob er sich für das Richtige entschieden hat. In seinen Träumen erscheint ihm immer wieder seine erste Liebe Eileen.

Was hat das nur zu bedeuten?

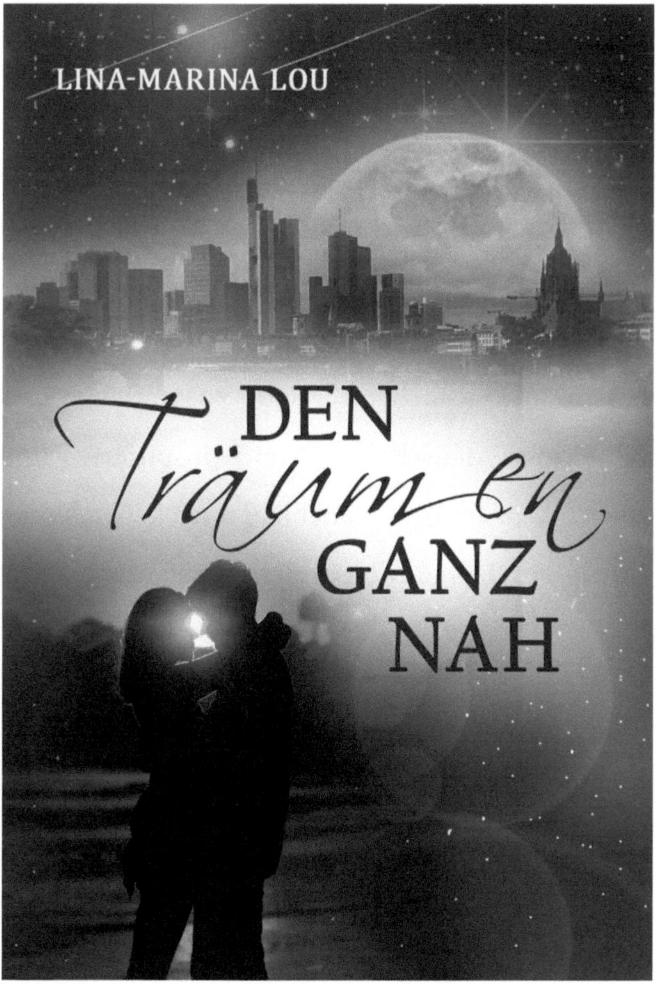
LINA-MARINA LOU
DEN
Träumen
GANZ
NAH

...zu guter Letzt:

Danke schön!

… ganz herzlich bedanken möchte ich mich bei meiner Mutter, die immer an mich glaubt; meinen Kindern, die liebevoll alle komischen Fragen über sich ergehen lassen haben; einer sehr liebevollen hessischen Familie für alle neu gelernten Worte; bei Freunden, die mich immer wieder ermuntert haben, meine Bücher zu Ende zu schreiben und bei all den Menschen, die mich inspirierten und die ich kennen- und manchmal auch lieben lernen durfte, auf ihre ganz besonders einzigartige Weise.